JN411202

상형문자로
걷다

이우림 시집

문학의전당 시인선
133

상형문자로 걷다

이우림 시집

문학의전당

시인의 말

태양 아래서 소멸하는 어둠을 본다.
계절을 끌고 가는 시간 앞에서 나는 얼마나 자유로운가.
오랫동안 잠을 이루지 못할 때
내가 점점 시들어 갈 때
나는 그 이유를 네게서 찾으려 했던 적이 있다.
그것이 얼마나 찬란한 오류인지
서삼릉의 새벽에 이르러서야 나는 알았다.

이슬 한 방울 속에 자유가 있음을 안다.
이슬 한 방울의 힘으로 두 번째 시집을 엮는다.
내 안에 슬어 놓았던 자책과 분노의 날들이
절대 밝음과 조우하길 바랄 뿐.

나는 또다시 메마른 날들을 견뎌야 하리라.

2012년 7월 서삼릉에서
이우림

차례

제2부 비오는 날 신발 한 켤레가

제3부 유리컵 속의 하루

제4부 늘, 그랬다

제1부 저녁고양이

色

슬프다 너무 슬퍼서
눈물은 능금이 되고 능금은 달빛 아래서
色을 발한다

정말 슬프다는 것은 色을 발한다는 것

빨간 고추의 色이 슬프고
빨간 대추의 色이 슬프고
만추(晩秋)의 色이 슬프다

슬프다 정말 슬퍼서
건들바람에도 눈물은 色은 발한다
色을 발하며 몽돌이 된다
몽돌이 되어 胎室 54基* 胎항아리 속으로 들어간다

---

* 왕가에 출산이 있을 때 그 출생아의 태를 묻던 석실

뼈만 있는 개

도라산국제역에 가면
문 없는 집이 있다
개집이다
그 집에서 개가 살았는지 또
개가 살고 있는지 알 수는 없다
하지만 분명 개집이다
철망으로 이음 된 뼈대가 개의
형상으로 있기 때문이다
개의 앞발은 집에 닿아 있다
발톱은 없다
발톱에 긁힌 자국만 벽에
사선으로 남아 있다

그에게 무슨 일이 있었을까
왜 혼자일까
집안에 그의 가족은 있었을까
그의 등에 내 손을 대어본다
애간장 녹는 소리가 바람으로 다가온다

희미해지는 갇힌 자들의 소리가
그의 뼈로 서 있다

도라산국제역에 가면
바람도 검문을 받는다

섬

그 섬엔 아직도 묻어 둔 내가 있다

만석동 나루터
석양을 깨문 겨울바다가 울컥한다
선착장으로 기어오르는 파도의 너울이 허벅지를 파고 든다
통통배에 먼저 떠내려간 나의 어둠

어둠은 바다를 먹고 바다는 통통배를 먹는다

섬 속의 섬
분교의 빈 교실에서 풍금소리가 성경을 읽고 있다
잘 늙은 노인 한 분이 그 풍금소리를 따라 느릿느릿 파도의 찬송가를 부르고 있다

끝 또는 시작인 나의 갯벌
그 갯벌을
읽고 또 읽는다

꿈틀거리는 나의 섬

그 섬엔 아직도 묻어 둔 내가 있다

밤을 읽다

지치고 피곤한 靈臺
잠시 잠들었다

후미하게 들리는 소리
靈臺 목덜미 잡아채는 소리

안개처럼
한 줄기 바람에 흩어지는
안개처럼
병 속으로 끌려 들어간다

그것은
도무지 깨어나지 않는
늪

너무도 아득한 소리가 만들어 놓은

혼자

두 팔은 독수리 날개가 된다
날갯짓 한 번에 산을 오르고
날갯짓 한 번에 바다를 가른다

온두라스 열대우림에는 나무늘보가 산다
그는 늘 혼자다
자신의 세 발가락에 히포크라테스 연고를 바르고
흰 개미집처럼 때로는 나무 한 줄기로 동화된다
인디오 움막에선
세 발가락 나무늘보도 영혼의 저음이 되기도 한다

장대비가 쏟아진다
알몸으로 쏟아진다
가을볕 끌어안은 황토
나비도 알몸으로 잔다

산호꽃

슬퍼서 걷는다
보도블록도 그늘진 제 슬픈 빛 따라 걷는다
멍하니 걷다보니
보도블록마다 슬픈 바다로 채워진다
다시 걷는다
슬픈 바다로 채워진 보도블록마다
잠자리가 산호꽃으로 핀다
갑자기 버스가 해일을 일으킨다
횟집 수족관 속 전어들이 지느러미를 세우고 날아다닌다

발가락에 반지를 끼고 손바닥으로 걸어다닌다
거꾸로 날아오르는 새들은
뱀처럼 바오밥나무 위를 기어다닌다
言語로 똥을 싸는 뒤집어진 人
방귀와 똥가루로 文字를 만드는 거꾸로 된 人
냄새나는하늘냄새나는나무냄새나는사람냄새나는꽃
뒤집어진 人이 예수의 꽃모가지를 꺾는다
거꾸로 된 人이 부처의 꽃모가지를 제친다

꺾는다제친다꺾는다제친다

걷는다 거꾸로 흐르는 노을 밖으로
– 넌 어디로 가니?

彗星

우리는 모두가 彗星이다
긴꼬리원숭이 같은 彗星
벌새 같은 彗星
그렇게 길게 또는 짧게
밤하늘에 가르마를 낸다
정수리에서 그어진 가르마가
이마 끝에서 바다 속으로 이어지기도 하고
톱날처럼 나무를 갈라놓기도 한다

三松川 둑에서 하늘을 본다
불빛 하나가 굵은 가르맛길을 지나
三松川 속에서 부서진다
부서진 빛을 물고기가 먹고
인어가 된다

기축년, 큰 彗星들이 이 땅에서 불을 껐다
성자의 彗星 민중의 彗星 민초의 彗星
주어진 자리에서 저마다 꽃을 피우고

번뜩이는 말과 묵직한 언어로
세상의 모든 머리를 가을들녘의
벼이삭으로 만들기도 했던.

하늘의 잡다한 것을 쓸어내리며 뭇 彗星이
三松川 물고기 밥이 되기를 바란다

시체놀이

나는 죽었다
죽은 나를 서삼릉 떡갈나무 숲속에
장사 지낸다
떡갈나무 숲속엔 죽음투성이다
성급히 차도에 뛰어든 고양이 머리도 있고
주인을 기다리다 껍질이 되어버린 유기견 발바닥이 있고
청설모가 까먹다 버린 상수리 눈알이 있고
바람에 구르다 떡갈나무 가지에 걸린 연애편지 한 쪽도 있다
죽음들이 좌우로
머리를 흔들고 있다
발바닥을 파닥거리고 있다
스스로 먼지로 잘 부서지고 있다
모든 죽음은 먼지다
나의 부음을 들은 개미들이 달라붙는다
개미들이 나를 해체한다
내 슬픈 이마가 도려진다
내 억울한 왼쪽 가슴이 파헤쳐진다

내 배꼽의 은밀한 비밀이 사라진다
떡갈나무가 웃는다
까마귀가 웃는다
죽은 나도 웃는다

회색인간

나는 회색을 싫어한다
그래서 회색이 되어간다
올곧다 딱 부러지다
재투성이가 된다
쓰다듬기 지친 하늘의 빛도 회색이다
감각을 잃은 금단사 기도탑도 회색이다
금단사 배롱나무도 회색 알몸이다
나는 빨리 더 짙은 회색의 밤이 되기를 기다린다
안개가 삼켜버린 풍경소리처럼 서서히
짙은 회색의 밤이 걸어온다
나는 알몸의 회색배롱나무 곁에서
가죽스타킹을 벗는다
가죽스타킹을 벗고
신발을 신어야 할까 벗어야 할까
망설이다
회색배롱나무 아랫도리를 쳐다보고
신발을 신는다
점점 회색이 나를 먹는다

회색배롱나무를 먹는다
아무도
회색배롱나무가 나인지 내가 회색배롱나무인지
분간하지 못한다
신발 신은 나의 회색 알몸이
회색배롱나무 신경 다발 속으로 들어간다
나는 그 속에서 나비가 된다
구월 스무아흐레, 회색 달은 어둠보다 짙다
그 달빛 속으로
회색배롱나무나비 한 마리 날아오른다

봄, 배꼽마당

예배드리러 간다

강변로 달려간다 한남대교 건너 고속도로 타고가다 안성톨게이트로 들어간다 초록바람 만드는 보리밭도 지나간다 얼음 쪽문 깨버린 쌍용저수지에 햇살이 그물질을 한다 잠시 해찰하는 사이 목적지다 앞을 봐도 뒤를 봐도 온통 배밭이다 빼곡하게 하늘만 쳐다보는 배나무들

예배당 맨 앞줄 의자에 냉이가 앉아 있다 민들레가 뒷줄에 앉아 기도를 한다 어, 꽃다지도 살그머니 들어와 앉는다 눈이 마주치자 눈인사를 한다 발그레 젖물 오른 배나무 가지에 앉은 바람이 피아노를 친다 산비둘기가 내려와 기웃거린다 안내를 맡은 참새 두 마리가 재재거린다 모두 박수를 치며 찬송을 한다 나도 호미를 옆에 앉히고 박수를 친다 그늘진 하늘이 열린다

냉이를 캔다 꽃다지를 캔다 지렁이들이 몸을 흔들며 춤을 춘다 민들레를 뿌리째 캔다 아랫배에 힘을 모아 민들레 뿌리를 캐다가 탯줄처럼 붉은 흙을 움켜쥐고 있는 민

들레 뿌리를 본다 순간 호미의 힘이 주저앉는다 민들레 뿌리에 흙을 덮는다 살살 흙을 덮고 손바닥으로 다독인다 뭉친 아랫배에 손바닥을 대어 본다 꿈틀거리는 봄날의 배꼽마당이 뜨겁다

저녁고양이

나비 한 마리 달아난다
살짝 비친 두려운 날갯짓이
달무리 뒤로 사라진다
나비가 머물다 빠져나간 부식가게
무엇을 했을까
상자 속에서 풀려나온 생선 냄새가 달무리 뒤로 사라진
나비의 두려움을 일러준다

개발에 휩쓸린 허름한 처마 밑
나비는 웅크린 채 어둠에 투영된 눈동자를
빠르게 조절한다
날갯죽지가 꿈틀댄다
새끼나비 두 마리 짧은 더듬이를 치켜세우며
어둠을 간파한다
나비가 사냥해 온 고등어의 감지 못한 눈을
새끼발톱으로 할퀸다
나는 나도 모르게 내 눈을 감춘다
그 모습을 본 것일까

나비의 눈동자가 사진기의 마지막 빛처럼 흩어진다

한낮의 발소리를 피해 있다 슬그머니 나온
나비는 날지 않았다
담장을 뛰어 오르지도 않았다
발소리의 인식을 하드디스크에 저장한 것으로
그의 몸짓은 허공을 가르지 않아도
되는 것이다

다육식물 몇 놈으로 인해

빈 장독대 위
잠들지 못하는 다육식물 몇 놈
눈곱도 없는 말똥말똥한 잎들을 끊임없이 내놓고 있다
여린 것이
벌레 똥만 한 저 여린 것이, 지독하다
지독한 게 어디 사람이나 짐승뿐이겠는가
낯선 집에 강제 이주 당했을 때도
사막의 날을 버티느라 진땀을 뺐을 것이고
제 체온을 끌어당겨
북방의 날들을 무너뜨리기에 온 힘을 모았을 것이다
햇살과 구름 사이에서
내 안의 슬픔들이 한순간 댐처럼 무너진다
강을 내고 감정의 패망을 불러들이는 동안에도
저것들은
몇 겁의 전생을 돌아돌아
이름 지어지지 못한 세상의 모퉁이를
푸른 잠언으로 가득 채우려 한다
내가 읽었던 경서(經書)들은 과연

얼마나 많은 눈들의 감시를 받으며 늙어갈까
오늘도 나는 저 작은 식물의 침침한 인생사를 어루만진다
조리개에 물을 가득 채워
고소한 햇살 몇 줌 덤으로 던져준다

막걸리

늦은 밤 문상을 다녀온다
집 앞에 차를 세우고 어둠을 향해 발을 내딛는데
막걸리 냄새가 코끝에 뽀얗게 매달린다
어둠에 가려져 보이지 않는 냄새는
맨홀뚜껑 틈에서 피어오르는 환각제처럼
무언가에 걸려 주춤거리게 한다
어둠 속에서
인디언 주술사처럼 아들의 새 자동차를 돌며
바퀴마다 막걸리를 끼얹는 옆집 여자
마치 몸의 경전을 풀듯 허리를 연신 굽실거린다
술이란 여우가 달빛을 걷어차며 걸어오는
자갈밭 같은 것
어린 시절,
어머니는 무쇠 칼에 막걸리를 찍어서
마치 상달행사를 치르듯
집안 구석구석을 헤집으며 알 수 없는 주문을
술밥처럼 뿌리곤 하셨다
누군가 성경책을 들고 우리 집에 오면 빈축만 샀다

그 도깨비 같은 주문 속에서
내 키는 한 뼘 반이나 더 늘어났고
술 한 모금 못하는 어머니 앞에서
술에 저당 잡힌 아버지의 눈치는
쥐구멍처럼 반들거렸다
나는 가끔씩 막걸리에 기대어 잠을 잔다
책 대신 마리화나 같은 몽환의 한 페이지를 읽는다
뽀얗게 말라가는 기억을 넘기며
한 권의 멀미나는 과거를 정독한다

검버섯을 위하여

내 손등에 또 꽃이 피었다
깨알만 한 것들이
햇살 따라 睿陵 위로 기어오른다
어떤 이는 말한다
"뽑아 버려."

검버섯, 사람들은 내 손등꽃을 저승꽃이라고 한다
그러나 난 손등꽃이 睿陵의 눈물꽃이고
哲仁王后가 밀어 올린 생명꽃이라는 걸 안다

외할머니 얼굴에도 항상 검은 꽃이 피어 있었다

어느 날 어머니의 얼굴에도 그 꽃이 피었다
외할머니 꽃씨가 핀 것이다

오늘도 난 睿陵에서 외할머니와 함께 검은 꽃의 經을 읽는다

제2부 비오는 날 신발 한 켤레가

바다는 나를 기다린다

난 어둠을 좋아한다
어둠엔 타르 같은 죽음이 묻어 있다
타르는 찐득하다

난 또 비를 좋아한다
속으로 파고드는 비는
오르가즘의 채찍이다
채찍은 아리다

가마우지의 저녁
직선의 물줄기 하나
내 몸을 다시 끌어당기고
나는 다시 바다가 된다

비오는 밤의 바다엔
늘 타르가 있다
타르 속에 죽어가고 있는
내가 있다

너를 찾다

서삼릉 종마목장 소나무 위에서 잠자던 바람이
뒤척이고 있다
솔잎에서
말똥냄새가 퍼진다

차엔 음악이 흐르고
풀밭 울타리에 내린 말뚝 하나
기울어진 내 어깨 같다
풀밭 위에 서 있는 암말 한 마리
궁둥이가 펑퍼짐하다

반복해서 소리치는 음악
차창 틈으로 어둠이 스며들고
문득 암말 한 마리 요동치며
내 가슴으로 파고든다

어둠이 어둠 위에
또 다른 경계의 말뚝 하나를

깊이 박고 있다

바람 맞다

그를 태운 기차가 터널을 지난다
그가 탄 기차보다 그의 가슴이 먼저
터널 밖으로 빠져나간다

나도 터널 밖으로 빠져나온다
곤히 자고 있는
집과 강아지
그리고 가로수들

내 몸의 터널 밖으로
그가 빠져나가길 기다리는 동안
내 몸에 사선으로 내리는 빗물

광화문을 지나
자하문 터널을 빠져나가는 길
윗니와 아랫니가 맷돌처럼 부딪히고

"어처구니가 없을 땐 맷돌도 돌릴 수 없어. 그럴 땐 그

냥 울어버려.”
혼자 중얼거리며 빗물을 따르는 사이
어느새 다시 서삼릉

사선의 빗물과 바람 속에
나도 능이 되어
가만히 누워 본다
관처럼 가만히 누워
나만의 왕조가 되어 본다

저 오래된 나무는

저 오래된 나무는 알까
제 옹이에 살고 있는
다람쥐를
이끼를
도토리를

저 오래된 나무는 알까
자기가 능지기임을
언덕임을
십자가임을
제 잎사귀가 부서져
내 사랑이 되었음을

저 오래된 나무는 알까
나는 구름이고
햇살이고
바람임을
세상은 햇살과 바람과 구름으로 이루어졌음을

환하다

어둠 속에서
어둠이 잔다
나무는 나무끼리
풀은 풀끼리
엉켜 잔다

나무들의 잠은
세상에서 가장 편안한 체위
풀잎들의 잠은
세상에서 가장 부드러운 체위

그래서 더욱 황홀한
서삼릉의 봄밤
달빛이 들자
체위를 바꾸는 풀과 나무들의 서로 몸 부비는 소리에
서삼릉은 더욱 환하다

비오는 날 신발 한 켤레가

예릉* 문 두드리던 빗방울이
살구나무 갈라진 틈으로 들어가
어둠을 밀어내고 꽃방 문 조용히 밀친다
비가 달린다 미친 듯이 비가 달린다
그 빗줄기 따라
자동차가 달리고 내 머리카락도 달린다
빗물 고인 웅덩이마다 유에프오처럼 떴다 내려온다
꽃방 문 열고 나온 꽃잎들 자동차에 달라붙는다
불나방처럼 자동차에 뛰어든다
지나친 밤나무 아래 나무 의자가 보인다
의자 앞에는 한 켤레 신발이 삐딱하게 누워 있다
발은 어디로 갔지
꽃신을 신은 것일까
꽃 날개를 단 것일까
우리 집 강아지처럼 맨발로 흙구덩이에 숨은 것일까
아니면
예릉 문이 열린 것일까
둘러보아도 발이 보이지 않는다

밤나무 줄기에서 빗물이 뚝 떨어진다
소복 입은 여인처럼 산유화가 산허리를 돌아가고 있다
밤나무가 있다
나무의자가 있다
신발이 있다
여전히 비는 예릉 문을 두드리고 있다

그런데
왜 나는 맨발이지?

---

* 철종과 철인왕후의 능

민들레에게

눈이 아프다 햇살이 아프다 능과 능 사이 민들레 노오란 꽃잎이 눈 속으로 파고든다 민들레 노오란 꽃잎이 노랑나비가 된다 노랑나비가 팔랑거리며 다시 민들레 꽃잎 속으로 사라진다 노오란 것은 가슴을 아프게 한다 노오란 꽃망울 밀어올린 민들레, 열세 살 설희의 막 돋아나는 젖멍울처럼 아린 꽃망울 내가 잃은 젖멍울 그래서 내 가슴이 이처럼 노랗게 아픈 것일까 나는 설렌다 소름끼치게 설렌다 긴 겨울 누렇게 죽어버린 줄만 알았던 고놈이 갓난아이처럼 노오란 눈을 뜨고 능을 향해 가고 있다 내 눈이 고놈의 눈을 따라가다 붙어버렸다 노랗게 멎어버렸다 떨렸다 갑자기 내 심장소리가 고놈 눈가에서 팔딱거렸다 노오란 눈물이 고였다 노오란 눈물이 웃음소리로 흘렀다 아프다 능이 하늘이어서 아프고 하늘이 바다여서 아프다 바다가 햇빛이어서 아프고 햇빛이 노오란 심장이어서 아프다

창릉천 戀書

창릉천에 놀던 청둥오리들 다 어디로 갔나 탱크가 둑을 흔들고 군인들의 야간행군 불빛이 유성처럼 사그라지듯 청둥오리 날개도 유성의 긴 꼬리가 된 것일까 *너처럼*

창릉천 둑길을 서성인다

왜가리 한 마리가 속달편지처럼 날아온다 왜가리는 창릉천 물결에 속달편지를 펼쳐 놓는다 붉은 노을이 편지를 읽어준다 *잘 지내느냐고* 바람이 상형문자로 답장을 쓴다 *그대로라고*

개미 쑥 버들강아지 창릉천 피라미가 상형문자가 된다

垓子로 둘러싸인 창릉천
둑길을 상형문자로 걷는다

바다는 늘

TV 속 바다가 화면 밖으로 왈칵 쏟아진다

멍빛 하늘 한쪽
백사장에 서 있는 발자국
섬 반쪽
갈매기 날개
가마우지 똥
뻘낙지 구멍
살짝 고개 내민 개불

얼른 고무다라이 같은 내 빈 젖통에 주워 담는다

탕자 같은 망아지
언덕 위에 나무 그림자
떡갈나무 옹이
까치집 세 채
무덤 위 고추잠자리

서삼릉의 짧은 한 컷을 쏟아진 화면에 이어본다

바다는 늘 가슴에서 너울진다

서삼릉 가는 길

자연을 역행하는 바람은 온 동네 집들을
빈집으로 만들었다
슬레이트가 벗겨진 집
양철대문이 없는 집
기둥마다 목발을 짚고 있는 집
이제 그 집들의 주인은
둥지 잃은 까치

까치 한 마리가 차도로 내려와
퍼덕거리다
소리의 반대편으로 날아오른다
찻소리가 멈추자 차도로 다시 뛰어드는
까치
누가 그를 부른 것일까?

그 까치를 바라본다
차도 중간
이미 먼지가 되어버린 까치가

아직 먼지가 되지 못한 제 속의 까치를 부리로 물고
뒤뚱뒤뚱 차도를 걷고 있다
차바퀴 소리를 감지하는 그의 부리가 슬프다
수십 대의 차가 지나가고
깃털 하나가 다시 먼지로 구르고
남은 먼지와 함께
쥐똥나무 아래 풀밭으로 눕는다

재색 먼지 한 마리가 서삼릉으로 걸어간다

마당에서

전쟁이다

풀들이 일제히 받들어총을 하고 나의 영토로 좁혀 들어오고 있다 나의 영토엔 감꽃이 피고 비둘기부부가 드나드는 수국 그늘은 봄볕이 가장 짙다 작년보다 키가 한 뼘은 자란 구상나무, 그 아래엔 마루의 무덤이 있다 마루의 무덤 둘레는 지난 겨울 두포리에 사는 시인이 준 칸나가 쫑긋 얼굴을 내밀었다 나의 영토를 침범한 저 풀의 뿌리를 뽑아야 한다 풀과 풀 사이 내 손이 닿는 순간 풀들이 긴 칼을 세운다 앗, 머뭇거리면 베이고 만다 잠자던 풀의 눈들이 곳곳에서 눈방울을 굴리며 일어선다 풀을 움켜쥔 나의 손가락 끝에 소름이 파동 친다 오오, 진저리 이 악물고 잡아챈다 냅다 내동댕이친다 송충이 민달팽이 개미 노린재 지렁이 풀의 포로들이 사방으로 튄다 자유다 날개다 내 몸의 진저리도 저만치 굴러간다 나의 영토에 쏟아지는 빗살무늬 햇살들

한동안 휴전이다

울 엄마

엄마의 몸 밖에만 봄이 한창이다
뾰족 고개 내민 원추리 그 옆에 잠자던 지렁이
지렁이 위로 날아가는 흰나비 날개 끝에서 일어나던 엄마의 숨결 같은 바람 한 잎
젖멍울이 막 생길 때 엄마가 그랬다
봄에 제일 먼저 나비를 보면 게으르지 않고 싹싹하며 지혜롭다고
울 엄마
움트는 들밭에 앉아 비둘기처럼 구구구 봄을 따면서 봄을 캐면서 나의 초경과 엄마의 폐경을 함께 묻었다

나도 짱아이고 싶다

— 짱아는 세 살이다
— 짱아는 엄마를 본다
— 짱아엄마는 짱아에게서 별을 찾는다
— 짱아야, 짱아는 커서 이다음에 뭐가 될래?
— 딸기.
— 그거 말고.
— 사과.
— 그거 말고.
— 바나나.

앵두오디살구자두고구마감자시금치콩나물민들레곰취곤드레
빗자루쓰레받기걸레삽호미톱소나무대나무갈매나무은행나무

나도 짱아처럼
딸기가 되고 싶다
사과가 되고 싶다

바나나가 되고 싶다
삽이고 싶다
톱이고 싶다
맑고 정한 갈매나무*고 싶다

---

* 백석의 시구

돌부처

바람이다
골짜기로 흐르는 땀
살포시 식혀주는,
때론
부서지고 또 부서지고 싶은 눈물에
날개를 달아주는,
언제나 그 자리에 있는,
아무리 흔들어도 흔들리지 않는,
큰 바람
혹독한 세상
까만 몽돌로 감춰 둔 얘기도 다 들어주는,
언젠가는 어머니로,
언젠가는 초등학교 적 선생님으로,
또 어느 날에는 둘도 없는 사랑으로,
늘 미소 짓는,

제3부 유리컵 속의 하루

민들레

얼기설기
뿌리 위에 또 다른 뿌리처럼
어깨 비비던
처마 밑 사람들 떠난 자리
다 떠난 자리
부서진 담벼락
깨진 항아리
발자국 어수선한 아랫목에도
봄볕은 찾아드는데

사생아처럼
햇살 끝 뽑히지 않은 노란 뿌리 하나

수가성의 사마리아 여인처럼
민들레
민들레 피었다

끈

황소 한 마리가 하늘을 떠받치고 있다
골수를 다 뽑아먹고도
부족한 것일까 저
멈출 수 없는 되새김질의 습관은
제 긴 혀를 노끈처럼 씹고 있다
갈기갈기 찢긴 혀가 찾는 것은
먼 기억의 여물
언 땅 쪼개고 나오는 씨앗의 탯줄이다
섶을 푼다
아, 자궁이 움찔하도록 젖을 빨아라
동아줄 같은 질긴 기억의 숨이 옆으로 눕는다
껌벅껌벅 밭갈이 저만치 두고
눈 큰 암소 곁에서 말뚝만
들이받던 뿔숨이
정지된 시간과 합류한다
질기고 질긴 인연
쇠심줄보다 더 질긴 기억의 유산들은
코뚜레를 영정으로 앉힌다

끝까지 등골을 다 빨아먹고 가는
저 황소 한 마리

내가 참 먼지인 것도 모르고

마루 널빤지를 뜯어내니 그곳에서 살고 있는 먼지 무더기가 빗살무늬 햇살에 놀라 몸을 숨긴다 먼지의 나이를 헤어보니 서른 살, 서른 해 동안 먼지는 마룻장 밑에서 내 여우꼬리 같은 삶을 훔쳐가며 산 것일까 저도 모르게 자라고 있는 꼬리를 나처럼 숨기느라 구석 찾는 것을 보니, 분명 나의 어떤 삶을 훔친 것 같다 서른 살 된 먼지의 얼굴을 찾다가 내 마음속에 숨겨 둔 먼지를 기억해낸다 아니 먼지가 나를 깨운다 나 같은 먼지는 버리고 싶다고 제발 다른 집으로 불나방처럼 가고 싶다고 그런데 나는 줄곧 내가 날아갈까 봐 그가 먼지의 사슬을 자꾸만 굵게 더 굵게 만든다고 생각했다 마룻장 밑 저 먼지들도 그렇겠지 더 이상 여우꼬리를 닮고 싶지 않다고 바람에 실려 폐 세포에 촘촘히 박힌다 마음속에서 스스로 꺼져가는 그 먼지를 이제는 날려 보내야 할 것 같다 나로 인해 먼지가 되어버린 그를 이제는 날려 보내야 할 것 같다

유리컵 속의 하루

비오는 날 창문 밖으로 내밀어 낙숫물을 받는다 낙숫물로 무엇을 할까 낙숫물을 화단에 쏟아 붓고 유리컵을 거꾸로 돌려 돋보기처럼 개미 뒷다리를 살펴본다 개미가 유리컵 속의 내 눈을 봤다면 기절했겠지 빈 유리컵에 따뜻한 물을 담아 장미꽃잎을 띄워 천천히 마신다 차를 마시며 놀랐을 개미를 생각한다 차를 마시고 난 유리컵에 유리구슬을 넣고 사진을 꽂아 선물을 할까 개운죽을 꽂아 창가에 사선으로 놓을까 곰곰 생각하다가 백령도에서 가져온 몽돌을 넣고 수초를 띄워 동자개의 집을 꾸며 빈 탁자에 올려놓는다 그 옆에는 덕적도 모래밭에서 만난 발자국이 담긴 유리컵도 나란히 놓는다

기차를 기다린다

오지 않는 것들을 기다리는 것은 바람의 화석이 되는 것이다

꽃사과나무가 역장 대신 젖은 깃발을 들고 서 있다 마감된 개찰구를 훌쩍 뛰어넘던 책가방도 사람 수보다 보따리 수가 더 많이 오르내리던 5일장의 왁자함도 무심히 젖는다 꽃사과나무는 기차가 머물던 그 옛날의 향기를 비로 이야기한다 어둠과 정적의 경계가 무의미한 곡산역의 시간들, 꽃잎 위에 잠시 머물다 휘돌아갈 바람과 다음 역으로 실어가야 할 비의 이야기가 더 이상 일어나지 않는다 한때는 色色의 바람으로 역사의 지붕이 들썩거렸던 지금 무채색의 역은 심심하다 아직 화장실 밖으로 빠져나가지 못한 솔담배 연기도 몹시 심심하다 許, 비가 온다 보도블록마다 꽃비가 수북하다

비오는 날 기차를 기다릴 때는 꼭 우산이 필요하다는 것을

때로는 기차도 우산이 필요하다는 것을

나무에게도 우산이 필요하다는 것을

그리고 나무도 우산이 될 수 있다는 것을

우산에게도 우산이 필요한 까닭을

사선의 비에게 듣는다

기차가 서지 않는 곡산역에서 다시 돌아오지 않는 그러나 꼭 돌아올 것만 같은 기차를 기다린다 꽃사과나무가 붉은 우산을 받쳐 들고 있는,

돌확

앞마당에 돌확 하나 엎어져 있다
들깨를 갈다 말았을까
엎어져 있는 돌확 속에선
진한 들깨 냄새가 퍼진다
들깨 냄새 속엔
여름날 뙤약볕 쏟아지는 소리도 들어 있다

돌확을 돌려 눕힌다
늘 젖어 있던 어머니의 정강이뼈
아직도 젖어 있다
새벽마다 호미 들고 달려가시던 미루나무 숲
어둠을 이고 나오던 버섯들
오늘 따라 매운 고추장 버섯탕으로 피어나고
그 자리에 돌확 대신 누워 있는
몸빼 하나

젖은 돌확을 앉힌다
어머니의 몸빼 가득 물을 담고 부레옥잠과 수련을 띄

운다

뙤약볕에 숨이 차고
소낙비에 숨죽이는
부레옥잠과 수련
누런 잎 떨어지고
살 오른다
꽃대 끝에
햇살이 푸근하다

앞마당에 돌확 하나 웃고 있다

노을

친구가
꼭 가고 싶다는
몰디브 해변
사진 속 몰디브가
그의 눈 속에 흐르던 아득한 해변이
한강 건너
일산호수공원에
맞닿아 있다
경이롭다
신비롭다
나무들이 아이가 되고
연인이 되고
오누이가 된다
나도
저 환상의 빛 속이라면
감히
이 순간
벌거벗은 하와가 되어야겠다

동굴

그의 가슴엔 봄이 한창이다

노란 산수유 아래 보랏빛 제비꽃 그 옆에 쑥부쟁이… 아지랑이는 그의 정액이다 한바탕 아지랑이 지나간 자리에 꽃이 피어났다 정액이 봄을 만들어낸다 나는 아지랑이에 취해 옷을 벗는다 신발을 벗는다 발가락이 꼼지락거린다 발가락 사이에서 땅강아지 기어 나오고 굼벵이가 뒹군다 벌집 같은 내 자궁 안에서 여왕벌이 젖을 물리고 있다

나의 동굴 속으로 그가 들어온다

진달래, 숲을 깨우다

3월의 숲은 생리중이다
방울 번지는 생리혈
숲 언저리가 뜨거워진다
바람이 숨 쉴 때마다
숲은 더욱 붉어지고
반쯤 눈뜬 고로쇠나무는 늙은 아재의 오줌방울처럼
마지막 수액 한 방울을 털어낸다
노랑앉은부채가 노랑바람으로 잠시
숲의 열기를 식힌다
지난 가을 잘려나간 늙은 상수리나무 주변으로
점점 번져가는 생리혈
잘린 상수리나무 등걸에서 손자 순의
실눈이 간지럽다
혈 한 방울이 땅의 근육을 솟구치고
바람의 말초신경에 훈훈함을 더해준다

나

뿌리 그리워
하늘 보고파
가슴 시려
내 울음주머니 속에서 울고 있는 것

북한산 단풍잎
용정의 뚜껑 덮인 우물
백령도 콩돌해안 콩알들

그것은 너
그것은 나

능소화

밤 소나기 지나간 자리
주홍빛 능소화
꽃물
우리 서로 몸 섞던 그 여름
이부자리 붉게 퍼져가던
그 여름밤 해일처럼
흥건한

죽방멸치

해 그림자 따라
유채꽃이
바다로
걸어 들어가고
꽃빛에 발기된 멸치들은
죽방렴 속에서 날아오른다

머리 꼬리 없다
뼈 발라져 짧은 창자도 없다
곤두선 지느러미도 물빛 그리운 비늘도 없다
모양을 알아 볼 수 없는 살점들만
내게로 왔다

파들파들한 살점 위에 소금을 뿌린다
유리병에 담아 꾹꾹 누르고 웃소금 지른다

늙은 어미에게 한 줌
늙은 어미의 늙은 아들에게 또 한 줌

바느질

남편의 사타구니가 터졌다
반짇고리 속
실 바늘 가위를 들고
외과 의사처럼
남편의 뜯어진 사타구니를 꿰맨다
살점이 미어져 나오지 않도록
한 땀 한 땀

밭을 갈고
씨앗을 심고
강풍과 가뭄에 버팀목이 되고
소나기가 되어 준
사타구니.
움찔거리는 남편의 거시기
찬바람에 오그라진
옆집 담벼락 대롱이는
수세미 같다
모세혈관 말라붙은 저

수세미

봉합된 사타구니가 기분 좋은지
남편이 청소를 한다
구석마다 구멍마다
수세미로 온 몸을 적신다

쪽빛 하늘이 살그머니 지나쳐 간다

편지

—다시 관계

잠을 자다가도 순간 울리는 신호음에 게슴츠레한 눈으로 떨고 있는 너를 끌어안았다 운전 중에도 바퀴가 굴러가듯 다가오는 너의 신음에 안전을 뒤로 한 채 아가에게 젖을 물리듯 가슴도 내밀었다

구월, 하늘이 깊다
고갈된 우물, 블랙홀이다
지금, 내 마음은 궁창
명주실 한 가닥 바람에 쓸려간다
더욱 짙어진 궁창
너와의 관계란
저 한 가닥 바람 같은 거

제4부 늘, 그랬다

헉!

식탁에서 딸아이가 갑자기 사료를 덜어가란다
헉!
내 세치 혀가 쭉 빠진다
언제 밥그릇에 밍키 사료를 퍼줬단 말인가
식탁에 즐비한 반찬들을 보며
밍키는 쉼 없이 내 밥그릇을 넘본다
제 그릇의 물은 거들떠보지도 않고
내 컵의 물을 마신다
커피를 마시겠다고 커피 병을 굴리기도 한다
늦은 밤 술 취해 들어오는 남편에게 앙탈을 부리며
이불을 걷어차고 슬그머니
내 이불 속으로 들어와 자기 팔을 뻗는다
밍키의 긴 혀가 머리카락을 핥는 밤은
동네 개들도 조용하다
점점 나의 생활을 닮아가는 밍키와
사료를 즐기며 밍키의 문자를 말하는 나
헉!
밥과 사료와 배꼽이 뒤섞여 밥상을 날아다닌다

겨울…봄

又亭아, 개나리가 눈을 뜬다

지난 가을
정갈한 단발머리로 잘라낸 개나리가
뼈저림의 순간순간들을
물관 끝에 저장했는지
잘린 줄기 끝마다 군불을 지핀다
산그늘에 등 돌려 앉은 둔덕이 따뜻하다
덩굴 밑 생쥐구멍도 아랫목처럼 반들거린다
又亭아, 너는 구들장에 녹아든 노동의 언어 같아서
잘라내고 버리고를 반복해도
불쑥불쑥
뼛속을 기어 나온다
아지랑이처럼 아스라한 거리를 두고 다가오다가
짓밟힌 발끝에서 풀처럼 일어서는 너
jet80613
결코 지워지지 않는 수인번호로
노동 후 마시는 막걸리 한 잔의 그 알싸한 기억처럼

갇혀 살아야 하는

너는

끝맺지 못할 문장부호로 남아있다

又亭아,

늘, 그랬다

물살을 거슬러 오르는 것은 연어만이 아니다 그.는.그.랬.다. 어릴 적 그 물살의 바코드로 거칠고 거친 되고도 된 자갈밭 길을 거슬러 오는데 9,855일, 빛과 어둠의 스펙트럼은 고통이 독할수록 선명하고 찬란했다 그는 그렇게 나이아가라 같은 瀑살을 거슬러 왔다

새로운 학습은 필요치 않았다
긴 기다림 끝, 날 위한 851,472,000sec
빛의 속도로 가로막는다 해도 해하지 못할 그 바코드
rain and tears
트랙은 물레방아처럼 돌고 돈다
80년대를 돌고 90년대를 돌아
오늘, 삐걱거리는 소리 하나 없이
가슴 단추를 열어준다

손이 손을 느꼈고 감정 잃은 눈이 눈물을 쏟아낸다 가슴 단추 밖으로 나온 심장꽃 두 송이 저녁놀 속으로 걸어간다 발.맞.춰. 너에 대한 새로운 학습은 결코 필요치 않았다

雨씨女는 낳고 싶다

천천히 또는 느리게 비가 온다 느리게 오는 비는 산수유 비다 산수유 노란 꽃이 불러들인 비다 산수유 노란 꽃은 왜 비를 불렀을까 보고 싶어서? 하고 싶은 말이 있어서? 무슨 말이 하고 싶었을까 누가 보고 싶었을까 나도 누가 보고 싶다고 하면 비가 와 줄까 나도 하고 싶은 얘기가 있다고 하면 진짜 비가 와 주는 걸까 눈감아 본다 비는 어디서부터 시작됐을까 숫자를 세 본다 하나 둘 구름이 흘린 눈물일까 셋 넷 구름의 눈물은 또 어디서 시작되었나 다섯 여섯 안개가 모아다 준 얘기로 만들어진 것일까 일~곱 그럼 그 얘기는 누구의 이야기일까 여열? 혹여 내 얘기는 아닐지 비를 맞아본다 한 대 두 대 엇나간 비 한 방울이 가슴으로 파고든다 따라오던 숫자가 빗줄기에 합류한다 유방 사이를 지나 배꼽웅덩이 속으로 가라앉는다 배꼽웅덩이에 고인 비가 꿈틀거린다 하늘고기가 태어난다 하늘고기 씨는 분명 對蹠點에서 비를 저어 왔을 거야 배꼽에 착상한 하늘고기 姓씨는 雨씨다 나는 雨씨女다 천천히 또는 느리게 산수유도 雨씨의 씨를 낳는다 雨씨女는 낳고 싶다 노란 산수유 닮은 하늘고기 한 마리

n

양쪽 표지를 덮어야 365쪽
내 삶에
r과 d 사이 보람을 끼운다
보람이 우두커니 서 있는 오늘 무엇을 할까
꽃을 심어야 할까
연못을 만들어야 할까
아님, 비를 끌어들여 질탕한 놀음을 한판 펼칠까
, , ,
꽃을 심는다면 동강할미꽃을 심고
연못엔 얼룩무늬 무당개구리를 넣고
질탕하게 뒤집어질 놈은 雨씨 성을 가진 놈으로 정하고
, ,
밤이 이슥하도록 생각의 쥐꼬리만 잡다가
,
r과 d 사이 하얗게 잠에 든다

팽팽한 앞과 뒤 사이 중립은 태풍의 눈이다
삶이란 늘 새로운 태풍을 만나가는 것

봄비

봄비는
감나무에도수국에도매발톱꽃망울에도
오고
감나무수국매발톱은
먼 기다림의 소름을 가만히 털어낸다
텃밭 한 편, 내 자궁 같은 구덩이 속 마루에게도
봄비는 속달우편으로
배달되었나
아랫도리가 멋쩍은 듯 이른 듯
촉촉하다

涯月에서의 祈禱

바다 껍질을 뚫고 나오는
저 涯月 햇덩이 앞에서
祈禱한다
오로지
한줄기 햇살 같은 제목으로
간절히 祈禱한다
방망이질하는 기운 받아 나 살아보리라;
〈햇덩이처럼 모세혈관마다 뜨거워지는 너를 위해〉
더 간절히 祈禱한다
헤아릴 수 없는 모래알들처럼
일상으로 굳어버린 삶에 대한 탕진
生과 死의 경계에서
너를 뒤지고 찾음이
다시 한 톨의 모래알로 새겨지기까지
함께
　　해야
　　　　한다고
　　　　　　서로

모래의 고운 살로 부대껴야 한다고,
나는 저 涯月 햇덩이 발끝을 놓을 수 없다

더 이상
生과 死의 경계를 넘나들지 않기로 한다
혈소판 같은 生의 이유가 너,이므로

그림산 꼭대기에서

비금도, 저 육중한 바다가

자꾸만 나보고
들어오란다
비자나무 울울(鬱鬱)한 치마
훌훌 벗어 내려놓고
그 옛날
더없이 아늑한 곳으로

제 가슴에 비친 그림자 속으로
알몸으로 돌아오란다

바람 앞에 맞서다

투명한 발톱이 섬뜩하다
보이지 않는데 보이는 듯 눈과 귀
심장까지 굳게 하는 게
질리도록 환하다
형체를 알 수 없는 손과 발은 한 순간
무기가 되어 감나무 둥치를 앙칼지게 할퀴자
간당간당 매달린 풋감들이
콩새처럼 졸아든 간을 부여잡고 바들거린다
문들은 블랙홀이 되어 근엄한 초상화들을
뭉크의 절규로 뒤흔들며
슬레이트 지붕의 못을 뽑아낸다
저 앞에서 움직인다는 건
생生목을 내놓아야 하는, 위험한 피안
어느 순간 제 무기에 제 몸을 강타한다
부서진 기둥의 모서리에 허리가 잘려
덜컹거리는 대문을 빠져나간 후
내 손에서 떨고 있는 건
바람 같은 평온 한 조각

묵은지

식탁 위에 늘어서 있는
단장한 식감들
반짝반짝
백자 옷을 입고 누굴 기다리는가
오지 않는, 눈도 마주치지 않는 누구?
오로지 네가 찾는 그것
무한정 질리지 않고 혼돈을 고요케 하는 것
그것이 되고 싶다
하루도 빠짐없이
눈 마주치기에 부끄럼도 없고
결코 사심도 없는
너의 유일한 가시내
그 가시내가 열두 폭 치마를 펼치고
보시기에 앉아 있다
묵은지 한 잎.

그럴 것이다

웅덩이에 빠진 하늘에 물고기들이 날아다녔어 그 하늘에 슬쩍 손을 넣어 흔들어 보았지 하늘은 금방 물고기들을 웅덩이 흙탕물 속으로 처박고선 바오밥나무처럼 팔다리 모가지가 잘린 은행나무 궁둥이에 찰싹 붙어버렸어 그 은행나무가 암컷이었을까 수컷이었을까 분명 수컷이었을 거야 가을이 되면 웅덩이에 빠진 하늘이 붙어버린 은행나무는 분명 수컷 알맹이들을 달 것이고

자궁 없는 것들은 동백꽃처럼 절벽에 붙어살다가 절벽이 되기도 하고 바다가 되기도 한다 절벽에 사는 꽃이 제 빈 자궁을 뚝뚝 떨어트리는 동백만은 아닐 것이다 알뿌리로 절벽 붙잡고 있는 해송 같은 막대기도 있지 않을까 막대기 같은 해송은 해쓱한 동백을 갖고 싶어 할 것이고 동백은 멋쩍게 서 있는 해송이 제 꽃방 수술이 되어 주길 바랄 것이다

좌판을 벌이고 두통을 팔다

머릿속의 불개미 같은 고통을 이고
5일장에 간다
얼마나 팔 수 있을지,
방망이질 하는 심장소리를 따라
걸음을 휘저으며 적성장에 도착한다
이미 난장은 들썩이고 있다
산 하나를 다 끌고 온
노인의 취나물 보따리 옆에
옹색하게 쪼그려 앉는다
뿌리를 떠나온 것들은
싱싱할 때 넘겨야 제 값을 받는 법
어느 순간 노인은 보이지 않고
바람이 비닐봉지로 들어가 덤으로 들썩인다
한때 나는 달콤한 말들을
내 머릿속에 저장해놓고
사랑을 위해 수시로 꺼내 먹은 적 있다
오지 않는 사랑 속으로 득실거리던 개미떼
장터를 어슬렁거리는 햇살에게

꿀맛 같은 에누리를 외쳐보지만
부서진 아스피린처럼 서쪽으로 몰려간다
구름의 의중을 물었지만
조금 있으면 파장이란다
재고처럼 집으로 돌아오는 길
두통은 남은 내 사랑의
에누리 없는 미끼로 사용할 것이다

소용돌이 시간

시간은 말없이 앞으로 걸어가기만 한다
말을 못하는 것도 아닐 텐데
씨익 미소 한 번 흘릴 뿐 그냥 가버린다
줄곧 걸어가는 줄만 알았는데
어느 날부터인가
뛰어가기 시작했다
도저히 따라 잡을 수 없는 속도로
점점 더 빨리 뛰어갔다
이제는 소용돌이치는 물살처럼 하루를
휘돌아 치며 30인치 신발을 신고 달린다
아니 365인치 신발인 것 같다
365인치 발자국 속에서 허우적거리는
생각과 행동들
꽃과 나무들
봄여름가을겨울가을여름봄
흙과 하늘 또 바다
소용돌이는 모든 것들을
태초의 궁창 속으로 몰아넣고 있다

결코 잡을 수 없는 시간
결코 잡히지 않는 시간
나는 이 시간을 너라고 칭하고 싶다
너는 한 번도 시간이라고 말하지 않았지만
너는 분명 시간이었다
어제도 너는
오늘은 내가 소용돌이 속으로 끌려들어간다

강변북로 산수유 피다

구례를 노랗게 물들인
산수유
엊그제
강변로 지나오는데
그날 몸부림친
내 기도의 응답처럼
칼바람에 헤진 꽃자루마다
기쁨으로
피어난다
구례를 노랗게 물들인
산수유
먼 산 바라보는 많은 이에게
희망으로 피어라
피 흘리는 가슴에 내려앉는
손수건이어라
서로 그리운 이의
잔잔한 눈웃음이어라

해설

세월의 무늬를 반추하다

김선주 시인 · 문학평론가

1. 정지된 시간들

시는 우리가 인식하는 자연대상물에서 너무도 멀리 와 있다. 시인 자신의 감수성, 상처, 감각의 외상들은 언어의 일상성에서 숨겨진 감각을 쉬지 않고 건드릴 때, 그 속에 내재된 무수한 이미지들을 시인 자신이 증식시키기도 한다. 그 언어의 확실성 안에서 시인의 세계관과 포스트모던의 혁명도 가져올 수 있다. 사실 시인들이 현실적 시어 찾기에 많은 고민을 하지만 독자의 세계는 시인들이 인정할 수 없는 너무 먼 곳에 있는 것이 또한 현실이다.

시에는 시인의 중심이 있듯 언어로 틀을 짠 시인의 시적 자아는 결국 독자 안에서 그 힘을 발휘한다. 참된 언어의 조탁이란 무의식적이고 선험적인 경험에서 보이지 않는 본질을 응시해야 한다. 자연의 광대무변한 세계는 우리의 삶 속에서 존재의 뒤틀림과 낯설게 하기로 시인의 시적 자아에서 시니피에로 발화(시니피앙)하는 것이다.

이우림의 시 「끈」은 소의 생을 빌려 인간의 생을 치환시키고 있다. 시가 탄생하는 우여곡절의 무수한 뒤틀림은 시인이 가지는 운명이며 새롭고 낯선 세계에 대한 감각적 체험의 세계를 읽어내기에 충분하다. '끈'의 행간 사이사이 시인은 마치 선문답을 하듯 예측을 허물고 있다.

황소 한 마리가 하늘을 떠받치고 있다
골수를 다 뽑아먹고도
부족한 것일까 저
멈출 수 없는 되새김질의 습관은
제 긴 혀를 노끈처럼 씹고 있다
갈기갈기 찢긴 혀가 찾는 것은
먼 기억의 여물
언 땅 쪼개고 나오는 씨앗의 탯줄이다
섶을 푼다
아, 자궁이 움찔하도록 젖을 빨아라
동아줄 같은 질긴 기억의 숨이 옆으로 눕는다
껌벅껌벅 밭갈이 저만치 두고

눈 큰 암소 곁에서 말뚝만
들이받던 뿔숨이
정지된 시간과 합류한다
질기고 질긴 인연
쇠심줄보다 더 질긴 기억의 유산들은
코뚜레를 영정으로 앉힌다
끝까지 등골을 다 빨아먹고 가는
저 황소 한 마리

—「끈」 전문

시는 논리적 언술이 아니다. 상식의 거부는 새로운 의미의 도출이며 선험적 감각으로 삶의 비밀을 풀어낸다. "하늘"과 "골수" 사이의 필연적 관계성은 "먼 기억의 여물"에서 "질긴 기억의 숨"으로 시의 전개를 펼치고 있다. "소"는 걸림이 없는 시인의 자아이며 무한한 자유에로의 갈망이다. "자궁"은 "정지된 시간"과의 합류를 통해서 "영정"으로 매듭지어진다.

삶의 현실 속에서 불쑥불쑥 끼어드는 기막힌 필연들은 시적 전환을 위한 동기부여이다. 얽혀 있는 어둡고 습한 기억의 통로에는 출입생사의 진한 고뇌가 배어나오고 있다. 시어의 내포적인 속성은 시인의 시적 화자를 통해서 뜻밖의 풍경으로 진입한다. 이 시에는 엄청나게 극적인 이야기와 중층적인 이미지들의 결합으로 출생과 동시에 죽음의 상태를 관망하고 있다. "인연"과 "유산"은 외부와 내면의 불가해한 언어의 유기성에 더하여 감정의 절제미를 극대화시키고 있다.

2. 시어 속 존재의 탐구

시의 시각적 잔영은 대상에 대한 감정의 절제를 말함에 있다. "나의 갯벌"은 "꿈틀거리는 나의 섬"으로 투사가 된다. 섬에 대한 감동의 크기는 "나"로 매듭지어 있다. "섬"은 시인에게 "어둠" 또는 "울컥"대는 그리움으로, "너울"로 표현되는 "꿈"이다. 시인은 자신의 결핍을 그 "섬"에서 충족하려고 꿈꾼다. 결핍된 자아의 충족은 새로운 창조자의 충족으로 "묻어 둔" 나로 감정이입을 꾀하고 있다. 인간의 본능적 적응력이란 결국 허전함 뒤에 오는 충족감이다. 시의 에토스는 시인이 향유하는 시대와 역사적 상황에서 연유된다.

그 섬엔 아직도 묻어 둔 내가 있다
만석동 나루터
석양을 깨문 겨울바다가 울컥한다
선착장으로 기어오르는 파도의 너울이 허벅지를 파고든다

통통배에 먼저 떠내려간 나의 어둠

어둠은 바다를 먹고 바다는 통통배를 먹는다

—「섬」 부분

자연의 대상물인 '섬'은 생명력의 흔적이며 '나'의 생채기로 존재의 통로를 따라서 묵은 인습의 굴레를 벗어나려 시도한다. 시인은 '섬'의 상징성에서 "바다"의 "파도"로 움직이며 살아 있음을 자각한다. 그 확인의 절차 역시 자신의 슬픔을 억누르는데서 자신의 인식을 객관화하고 있다. 이 특별한 연상적 상상력은 시인에게 마음의 세상 안에 비치는 시적 오브제들과의 만남을 주선한다. 평범한 시적 대상에서 대상 속의 대상을 새롭게 발견하기 위해 다채로운 감수성의 한 단면을 보여주는 시가 「섬」이다.

발가락에 반지를 끼고 손바닥으로 걸어 다닌다

거꾸로 날아오르는 새들은

뱀처럼 바오밥나무 위를 기어 다닌다

言語로 똥을 싸는 뒤집어진 人

방귀와 똥가루로 文字를 만드는 거꾸로 된 人

냄새나는하늘냄새나는나무냄새나는사람냄새나는꽃

뒤집어진 人이 예수의 꽃모가지를 꺾는다

거꾸로 된 人이 부처의 꽃모가지를 제낀다

꺾는다제낀다꺾는다제낀다

—「산호꽃」 부분

존재의 탐구는 "무無 앞에 던져지는 무無가 존재와 붙어 다니는 것이다"라고 사르트르는 말한다. 인간이 느끼는 상처, 아픔, 슬픔, 증오, 회한 등은 무無에서 성립되어진다. 인간의 존재는 이 시에서처럼 끝없는 물음의 연속이다. 바로 자신에게 묻고 또 묻는다. 존재와 비존재 사이의 존재는 자기기만에서 출발한다. 시적 진실을 더 깊이 살펴보자면 나를 숨기기 위한 하나의 자기기만적 사유에서 스스로 자유로운 존재라고 자각하고 있다.

> 言語로 똥을 싸는 뒤집어진 人/방귀와 똥가루로 文字를 만드는 거꾸로 된 人/뒤집어진 人이 예수의 꽃모가지를 꺾는다/거꾸로 된 人이 부처의 꽃모가지를 제낀다/꺾는다제낀다꺾는다제낀다//-넌 어디로 가니?

이것은 자신 안에서 타자를 찾기 위한 시도이다. 즉 자기부정에서 자기기만에 빠진 자신을 자기 투사라는 존재방식으로 보고 있다. 시적 장치는 시인의 직감과 욕망에 의해서 드러나고 그 욕망은 자신의 가치라고 판단한다. 존재의 저쪽에 시인의 시적 가치는 있으며 그곳에는 자기의 동일성과 순수성이 시의 갈증을 해소하려 한다.

人→文字→예수→부처→나로 이행되는 존재의 본질은 실존의 선택으로 세계 안에서 아직 화합하지 못하는 어리석은 자기로 표현하고 있다. 불확실한 존재자는 타자의 시선으로 시의 주관성을 체험케 하고 있다. 시적 언술이 내포하는 존재자의 모든 조건들은 모든 가능성을 향해 열려진 공간이며 두 개의 개체 사이(존재와 비존재)에서 상호 융합하는 무한의 관계성이다. 시의 행간은 이렇듯 시적 자유의 방식으로 존재의 운명이 "걸어 다니며" "기어 다니며" "꺾으며" "제끼며" 시적 대상물에 책임을 지고 있다. 그것은 시인이 선택한 시어의 전쟁 속에서 진정한 '시'로 구속된 '나' 또는 '너'로 서로를 떼어놓지 못하고 있다.

3. 회색인간의 쓸쓸한 비상

하나의 주제로 이어진 연작시, 이른바 서사형식의 시는 시인의 영혼에 숨겨진 독자를 자극하는 매체가 된다. 시인은 마치 은둔자처럼 서삼릉에서 먼 기억 속의 한 여인을 만난다. 생명의 꽃은 다시 시인에게서 검은 검버섯으로, 꽃씨로 다시 피어나고 있다. 아득하니 멀고도 긴 세월의 한 귀퉁이에서 검은 꽃의 경經은 햇살 한줌에 능의 가장자리로 기어오르고 있다. 시인에게 있어 능은 자연 속에 있는 가장 가치 있는 것이다. 그 가치는 석판에 기록된 것이며 과거의 기억이다.

석판의 기록(碑文)은 새로운 가치로, 새로운 창조로 세상의 변화성에 대하여 말한다. 시인은 조용히 무릎을 꿇기도 하고 무거운 짐을 내려놓기도 한다. 대지에 육신을 뿌리박은 영원에의 회귀는 시인의 시적 멍에와 고독한 길의 대칭점에서 쓸쓸한 조우를 하고 있다. "죽음"은 "먼지"로 나의 부재를 알리고 나를 해체하고 있다. "은밀한 비밀"은 죽음으로 다시 상상의 궤적이 시작됨을 알리고 있다.

어느 날 어머니의 얼굴에도 그 꽃이 피었다
외할머니 꽃씨가 핀 것이다
오늘도 난 예능(睿陵)에서 외할머니와 함께 검은 꽃의 경(經)을 읽는다

—「검버섯을 위하여」 부분

모든 죽음은 먼지다
나의 부음을 들은 개미들이 달라붙는다
개미들이 나를 해체한다
내 슬픈 이마가 도려진다

내 억울한 왼쪽 가슴이 파헤쳐진다
내 배꼽의 은밀한 비밀이 사라진다
떡갈나무가 웃는다
까마귀가 웃는다
죽은 나도 웃는다

—「시체놀이」 부분

신발 신은 나의 회색알몸이
회색배롱나무 신경 다발 속으로 들어간다
나는 그 속에서 나비가 된다
구월 스무아흐레, 회색달은 어둠보다 짙다
그 달빛 속으로
회색배롱나무나비 한 마리 날아오른다

—「회색인간」 전문

인간이 가지는 마지막 놀이인 죽음은 "시간의 저편"에 "영혼의 무덤"을 마련하여 피할 수 없는 인간 본연의 길인 죽음에 길들여져 가야 하는 슬픈 자신의 정령을 위무한다. 시인에게 투사되는 죽음의 경로는 생명의 끈으로 그 관계성을 이어가고자 한다. 시간과 공간, 우주와 인간의 경계선에는 시가 풀어내는 상징과 의미론적 배반들이 드러나고 있다.

이우림 시인의 다른 시 「회색인간」 역시 회색 즉 흰색과 검정의 조화는 "안개"였다가 "밤이 걸어온다"는 착시로 "알몸"에 "가죽스타킹을 벗는다"고 전한다. "신발을 신어야 할까 벗어야 할까" 망설이다가 이내 시적화자는 "신발을 신는다"는 시어로 다시 날아오를 준비를 한다. 이러한 거듭남은 모든 상식과 구속으로부터 자유로워지기를 갈망하는 몸짓이다. 시인은 기어이 날을 정하고 "구월 스무아흐레"에 이르러 "나비 한 마리 날아오른다"며 전혀 다른 세상으로 자신을 들여다보게 만들고 있다.

시인은 회색을 통하여 자신을 보고 있으며 딱 부러지는 검정이나 흰 것으로 불확실성에 대한 질서를 가지고 싶어 한다. 미세한 흔들림에 한 마리의 나비는 존재의 행로를 들키고 있다. 자신의 존재가 흔들리는 순간 시인은 다시 중심점을 찾아 날아오르고 있다.

4. 자갈밭에 핀 자유의지

시인의 퇴행 속 기억들은 이율배반으로 자신의 심경을 드러내고 있다. 어머니에 대한 애정은 뽀얗게 말라가는 기억의 멀미나는 과거이며 몽환의 한 페이지이다. 뽀얗게 매달리는 막걸리의 냄새는 아버지의 자존심을 저당 잡히게 한다. 시인의 비극은 "술이란 여우가 달빛을 걷어차며 걸어오는 자갈밭 같은 것"에서 놀라운 변신을 이루어내고 있다.

늦은 밤 문상을 다녀온다
집 앞에 차를 세우고 어둠을 향해 발을 내딛는데
막걸리 냄새가 코끝에 뽀얗게 매달린다
어둠에 가려져 보이지 않는 냄새는
맨홀뚜껑 틈에서 피어오르는 환각제처럼
무언가에 걸려 주춤거리게 한다
어둠 속에서
인디언 주술사처럼 아들의 새 자동차를 돌며
바퀴마다 막걸리를 붓는 옆집 여자
마치 몸의 경전을 풀듯 허리를 연신 굽실거린다
술이란 여우가 달빛을 걷어차며 걸어오는
자갈밭 같은 것
어린 시절,
어머니는 무쇠 칼에 막걸리를 찍어서
마치 상달행사를 치르듯
집안 구석구석을 헤집으며 알 수 없는 주문을
술밥처럼 뿌리곤 하셨다

—「막걸리」 부분

시적 화자는 아버지와 어머니 사이에서 인간의 근원적 모순이 엿보이며 잃어버린 나의 현재성을 찾고 있다. 부조리한 현실을 경전으로, 알 수 없는 주문으로, 막걸리로 대비한다. '막걸리'와 '나' 사이의 교감으로 절망에 굴복하지 않고 다시 절망을 이겨내려 한다. 보이지 않는 것들은 하룻밤 사이에 일어나고 있다. 밤의 긴 시간 동안에 시인은 많은 변화를 견뎌내고 성장과 동시에 과거의 기억도 소멸되고 있음을 인식한다. 완벽하게 감추고 싶었던 어린 시절의 체험들이 마침내 이우림 시인의 시세계를 지배하는 강한 힘이 되고 있다. 시인의 눈에 비친 다양한 현상들은 시어를 통해 하나의 그림으로 그려지고 있다. 미각으로 느끼는 이미지의 배경 뒤에는 시인 자신의 근원을 발견함과 동시에 성찰이 있다. 외로움의 부피에 눌려 막걸리에 기대어 잠든 '나'는 그 어떤 것보다 더 강력한 위안을 시적 대상물에서 찾아내고 있다.

슬레이트가 벗겨진 집
양철대문이 없는 집
기둥마다 목발을 짚고 있는 집
(…)
그 까치를 바라본다
차도 중간

이미 먼지가 되어버린 까치가
아직 먼지가 되지 못한 제 속의 까치를 부리로 물고
뒤뚱뒤뚱 차도를 걷고 있다

—「서삼릉 가는 길」 부분

주인이 떠난 서삼릉에는 빈집만이 즐비하다. “벗겨진 집”과 “대문이 없는 집” 또는 “목발을 짚고 있는 집”들처럼 세상의 집은 전부 부실공사다. “까치” 한 마리가 “먼지” 속에서 “세상의 먼지”로 날아가지 못하고 “차도”에서 어설픈 걸음을 걷고 있다. 시인이 자연 속에서 느끼는 정경은 바로 세상의 한 단면이다. 인간세상과 유리된 숲은 물질로 얼룩진 공해에서 탈출하고자 하는 시인의 또 다른 마음이다. 시인에게 서삼릉은 모든 거짓과 위선으로부터의 해방공간이며 여기에서만큼은 절대적 자유를 가지고 싶어 한다. 그러나 무한 안식과 위로의 서삼릉은 이미 자연과 인간의 상생을 빼앗아 가버린 공간으로 인식되어진다. 신은 맨 먼저 인간을 창조했고, 인간과 자연은 신의 피조물로, 자연은 시인에게 있어 단순한 차원의 세계가 아니라 그 이상이다. 그러나 서삼릉의 자연에는 역행하는 바람만 있을 뿐이다.

5. 출구를 향한 열망

비오는 날의 능은 참으로 쓸쓸하다. 어제는 비에 젖은 채 "꽃방 문 열고 나온 꽃잎들"이 "불나방처럼 자동차에" 맹렬히 달라붙었다. 지친 의자는 내리는 비에 아무런 저항 없이 어둠을 지키고 있다.

> 예릉 문이 열린 것일까
> 둘러보아도 발이 보이지 않는다
> 밤나무 줄기에서 빗물이 뚝 떨어진다
> 소복 입은 여인처럼 산유화가 산허리를 돌아가고 있다
> 밤나무가 있다
> 나무의자가 있다
> 신발이 있다
> 여전히 비는 예릉 문을 두드리고 있다
>
> 그런데
> 왜 나는 맨발이지?
>
> —「비오는 날 신발 한 켤레가」 부분

한 켤레의 신발이 누워 있던 왕조는 밤의 어둠에 익숙해 있다. 누가 신고 갔는지 누가 빗물에 떠내려가게 했는지

신발의 주인은 검은 숲 뒤에 숨어 버렸다. 세월의 갈라진 틈바구니에 낀 허리를 감던 역사는 그냥 그렇게 가버렸다. 이윽고 "빗물 고인 웅덩이마다" 넘쳐나던 사랑, 마지막 연에서 시인의 시적 화자는 맨발로 세상을 건너간다. 예릉은 시적 화자의 영원한 동경의 대상이다. 잃어버린 신발은 '비' 로 다시 '나' 로 등가관계를 이루고 있다. '비' 는 "이미 가버린" 그리고 "지금은 없는" 것에 대한 그리움이다. 비극은 결국 시인의 카타르시스에서 오는 즐거움이며 이 가련함은 시인만이 가진다.

도라산국제역에 가면
문 없는 집이 있다
개집이다
그 집에서 개가 살았는지 또
개가 살고 있는지 알 수는 없다
하지만 분명 개집이다
철망으로 이음 된 뼈대가 개의
형상으로 있기 때문이다
개의 앞발은 집에 닿아 있다
발톱은 없다
발톱에 긁힌 자국만 벽에
사선으로 남아 있다

그에게 무슨 일이 있었을까
왜 혼자일까
집안에 그의 가족은 있었을까
그의 등에 내 손을 대어본다
애간장 녹는 소리가 바람으로 다가온다
희미해지는 갇힌 자들의 소리가
그의 뼈로 서 있다

도라산국제역에 가면
바람도 검문을 받는다

—「뼈만 있는 개」 전문

바람도 숨을 고른 이즘(ism)의 땅에 자유는 본래 없었다. '개'는 '인간'으로 '동토의 땅'으로 '출구'가 막힌 '출구'에 대한 열망의 덩어리다. 개의 앞발은 발톱이 없다. 거세당한 개의 '본성'은 '짖음' 하나로 버티어 자신의 존재를 알리는데, 이 시에서는 '피'의 흔적만 '벽'에 문신으로 남아 그 본질의 고유성을 사장시키고 있다. '도라산역'이란 이념의 공간에는 '갇힌 자'의 비명이 산골짜기를 울린다. 고통스런 감정들은 바람으로, 뼈로 서 있을 뿐이다. 길은 길로 이어져 있지 않고 시인의 시어 속에서 역사의 정신과 외상들이 형상화되고 있다. "바람도 검문을 받는"

이 감각적 메타포는 오랫동안 지속된다. 시인은 지금 '갇힌' '개'를 보는 것이 아니라 어떤 설명이나 해명으로 답할 수 없는 이념에 대한 항변이다. 상처 속에서 피어난 시인의 시어 또한 고통에서 벗어나려 하지만 그 돌아오지 않던 역사는 하나의 이미지로 독자에게 다가가고 있다.

이우림 시인의 시집 『상형문자로 걷다』는 우리들 몸에 새겨진 세월의 무늬이다. 시인이 기다리던 불 밝은 세상 앞에 서면 문은 열리고 과거의 창백한 얼굴들은 빛에 가려져 있다. 시인은 조심스레 잠긴 방문 앞에서 열쇠의 구멍 속으로 지친 우리의 몸을 밀어 넣고 있다. 이 정체 모를 두근거림은 무엇일까.

시인의 상처들은 오롯이 서삼릉의 숲속 어디쯤에서 긴 잠을 깨고 걸어 나온다. 회색의 배롱나무에서 꽃분홍의 꽃잎들이 시간을 훌훌 털고서 비단 자락처럼 너울댄다. 그리고 다시 서삼릉은 푸른빛에 잠긴다.

문학의전당 시인선 133

상형문자로 걷다

초판 1쇄 발행 2012년 8월 25일
지은이 이우림
펴낸이 김석봉
펴낸곳 문학의전당
출판등록 제311-2012-000043호
주소 서울시 은평구 연서로11길 7-5 401호
편집실 서울시 마포구 공덕2동 404 풍림VIP빌딩 413호
전화 02-852-1977
팩스 02-852-1978
블로그 http://blog.naver.com/mhjd2003
전자우편 sbpoem@hanmail.net

ISBN 978-89-98096-01-4 03810